LIVRE 1

HAL LEONARD
MÉTHODE DE GUITARE TAB

Écrit par Jeff Schroedl

Collaborateurs à la rédaction : Jeff Arnold, Kurt Plahna et Jim Schustedt

T0078801

CORPORATION

7777 W. BLUEMOUND RD. P.O. BOX 13819 MILWAUKEE, WI 53213

Visitez Hal Leonard en ligne sur
www.halleonard.com

PREMIERS PAS

PARTIES DE LA GUITARE

Cette méthode s'adresse aux guitaristes acoustiques ou électriques. Les deux types de guitare s'accordent de la même manière, font intervenir les mêmes notes et sont constitués pour l'essentiel des mêmes parties. Les guitares acoustiques se différencient principalement par leur rosace et leur sonorité suffisamment forte pour être jouées sans amplification, alors que les guitares électriques doivent être branchées sur un ampli.

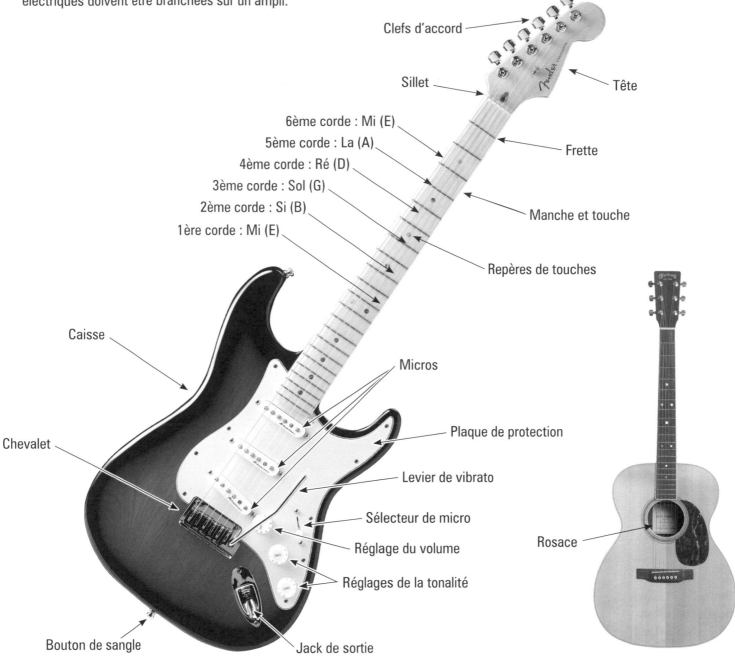

Clefs d'accord

Sillet

Tête

6ème corde : Mi (E)
5ème corde : La (A)
4ème corde : Ré (D)
3ème corde : Sol (G)
2ème corde : Si (B)
1ère corde : Mi (E)

Frette

Manche et touche

Repères de touches

Caisse

Micros

Chevalet

Plaque de protection

Levier de vibrato

Sélecteur de micro

Réglage du volume

Réglages de la tonalité

Rosace

Bouton de sangle

Jack de sortie

ACCORDAGE

L'utilisation d'un accordeur électronique est la méthode d'accordage la plus rapide et la plus précise. Vous pouvez soit brancher votre guitare dans l'accordeur, soit utiliser le micro intégré à l'accordeur pour accorder une guitare acoustique.

Les six cordes à vide de la guitare doivent être accordées selon les hauteurs tonales suivantes :

Mi (E) (la plus grosse)–La(A)–Ré(D)–Sol(G)–Si(B)–Mi(E) (la plus fine)

Si vous faites tourner la clef d'accord d'une corde dans le sens des aiguilles d'une montre, la hauteur tonale diminue ; si vous faites tourner la clef d'accord dans le sens contraire des aiguilles d'une montre, la hauteur tonale augmente.

Ajustez les clefs d'accord jusqu'à ce que le cadran de l'accordeur électronique indique la bonne hauteur tonale. Ou écoutez le CD (morceau 1) afin d'obtenir la bonne hauteur tonale pour chaque corde, puis faites tourner lentement la clef d'accord jusqu'à ce que le son produit par la corde corresponde à celui entendu sur le CD.

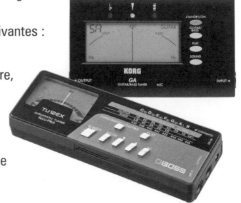

TENIR LA GUITARE

Aidez-vous des illustrations ci-dessous pour trouver une position de jeu confortable. Que vous choisissiez de jouer debout ou assis, il est important de rester détendu.

POSITION DE LA MAIN GAUCHE

Les doigts sont numérotés de 1 à 4. Arrondissez les doigts et appuyez fermement sur les cordes entre les frettes, du bout des doigts uniquement.

Placez le pouce sous le manche de la guitare. Faites en sorte que la paume de votre main ne touche pas le manche de la guitare.

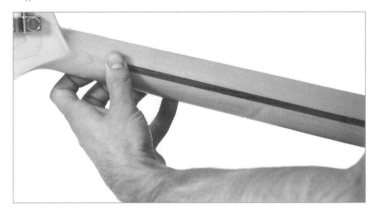

POSITION DE LA MAIN DROITE

Tenez le médiator entre le pouce et l'index. Grattez la corde dans un mouvement descendant environ à mi-chemin entre le chevalet et le manche.

Pour plus de confort, les doigts qui ne tiennent pas le médiator peuvent reposer sur la guitare.

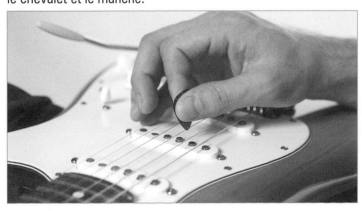

LA CORDE DE MI (E) GRAVE

Les partitions de guitare sont écrites dans une forme de notation appelée **tablature** ou **tab** en abrégé. Chaque ligne représente une corde et chaque chiffre, une frette. La plus grosse corde jouée à vide, c'est-à-dire sur laquelle vous n'appuyez pas, correspond à la note Mi (E) grave. Dans une tablature, une corde à vide est représentée par un zéro (0). La note Fa (F) est située sur la 1ère frette. Appuyez sur la corde ou « frettez-la » avec le 1er doigt, directement derrière la première frette métallique.

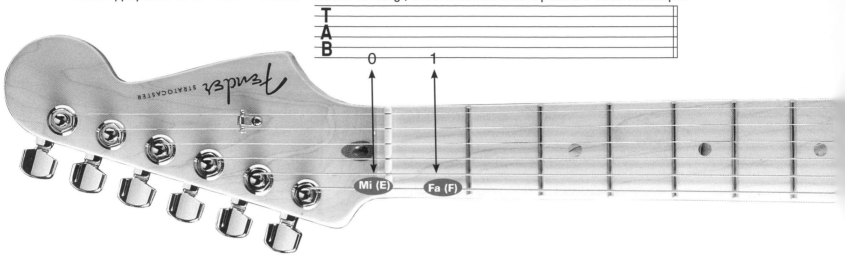

Interprétez la bande originale du film *Jaws (Les dents de la mer)* en jouant les notes Mi (E) et Fa (F). Attaquez la corde avec le médiator d'un coup vers le bas. Augmentez le tempo au fur et à mesure que les chiffres apparaissent de plus en plus rapprochés.

THÈME DU FILM "JAWS" 2))

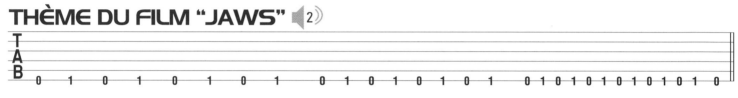

De John Williams
Copyright © 1975 USI B MUSIC PUBLISHING Copyright renouvelé Tous les droits sont contrôlés et administrés par SONGS OF UNIVERSAL, INC.

Apprenons maintenant d'autres notes sur la corde de Mi (E) grave.

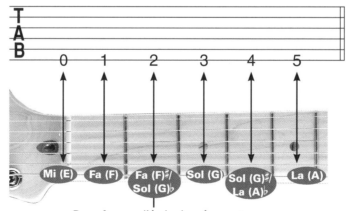

Deux façons d'écrire la même note

GREEN ONIONS 3))

« Green Onions », de Booker T. & the MG's, utilise les notes Mi (E), Sol (G) et La (A). Suivez la tablature et pincez les notes à une vitesse constante, ou **tempo**.

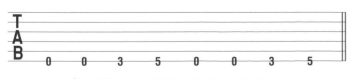

Écrit pas Al Jackson, Jr., Lewis Steinberg, Booker T. Jones et Steve Cropper
© 1962 (Renouvelé en 1990) AL JACKSON JR. MUSIC (BMI)/Administré par BUG MUSIC et IRVING MUSIC, INC.

PETER GUNN 4))

Un **riff** est une courte phrase composée, répétée plusieurs fois dans un morceau. Le riff populaire de « Peter Gunn » se joue avec des notes sur la corde de Mi (E) grave.

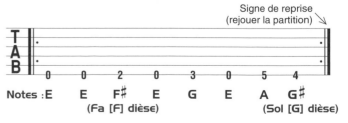

Signe de reprise
(rejouer la partition)

Notes : E   E   F#   E   G   E   A   G#
              (Fa [F] dièse)   (Sol [G] dièse)

Musique du générique de la série télévisée De Henry Mancini
Copyright © 1958 NORTHRIDGE MUSIC CO. Copyright renouvelé
Tous les droits sont contrôlés et administrés par UNIVERSAL MUSIC CORP.

LA CORDE DE LA (A)

Voici les notes des cinq premières frettes de la 5ème corde, la corde de La (A).

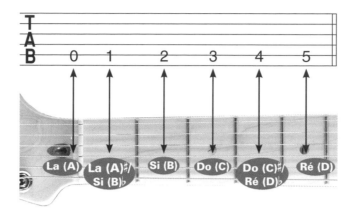

BRIT ROCK

Ce riff entraînant utilise les notes La (A), Si (B) et Do (C).

Copyright © 2012 de HAL LEONARD CORPORATION

LEAN ON ME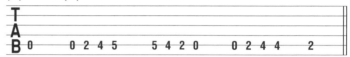

Cette chanson a figuré en tête des hit-parades pendant deux décennies. Elle utilise les notes La (A), Si (B), Do (C)# et Ré (D).

Paroles et Musique de Bill Withers
Copyright ©1972 INTERIOR MUSIC CORP.
Copyright renouvelé
Tous les droits sont contrôlés et administrés par SONGS OF UNIVERSAL, INC.

TAB RYTHMIQUE

Un **tab rythmique** ajoute des valeurs rythmiques à la portée de tablature de base. Les **barres de mesure** divisent la partition en **mesures**. L'**indication de la mesure** indique le nombre de temps par mesure et le type de note correspondant à un temps. Dans une mesure à 4/4 (« quatre-quatre »), il y a quatre temps par mesure et une **noire** correspond à un temps. Elle possède une hampe verticale reliée au chiffre de la tablature.

FEEL THE BEAT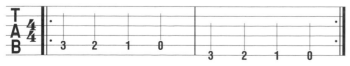

Comptez « 1, 2, 3, 4 » en jouant.

Hampe de noire

Indication de la mesure

Barre de mesure

Copyright © 2012 de HAL LEONARD CORPORATION

WORKING MAN

Ce riff classique du groupe Rush utilise des noires sur les cordes 5 et 6.

Paroles et musique de Geddy Lee et Alex Lifeson
© 1975 (Renouvelé) CORE MUSIC ÉDITION

ZEPPELIN TRIBUTE

Ancrez la paume de votre main droite sur le chevalet de la guitare pour vous aider à pincer les cordes avec plus de précision.

Copyright © 2012 de HAL LEONARD CORPORATION

BLUES RIFF

Utilisez le 3ème doigt de votre main gauche pour jouer les notes de la 4ème frette, le 1er doigt pour jouer la note de la 2ème frette et le 4ème doigt (petit doigt) pour jouer la note de la 5ème frette.

Copyright © 2012 de HAL LEONARD CORPORATION

AUTRES RIFFS

Les deux riffs suivants ont été composés en **3/4**. Cela signifie qu'il y a trois temps par mesure et qu'une noire correspond à un temps.

MY NAME IS JONAS

Jouez ce riff du groupe Weezer en comptant « 1–2–3, 1–2–3 ».

MALAGUEÑA

Ce morceau espagnol traditionnel est très apprécié des guitaristes classiques.

Une **blanche** dure deux temps et équivaut à deux noires. Dans la tablature, elle est représentée par un chiffre entouré d'un cercle et relié à une hampe verticale.

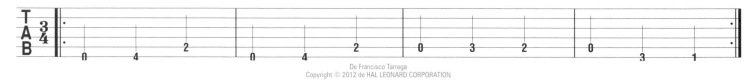

CANON IN D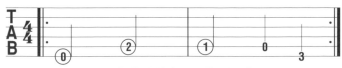

La première ligne se joue avec des blanches et la deuxième, avec des noires. Comptez à voix haute pour maintenir un tempo régulier.

Comptez : un deux trois quatre etc.

ELECTRIC FUNERAL

Teinté de sonorités étranges et inquiétantes, ce puissant riff du groupe de heavy metal Black Sabbath est composé de noires et de blanches.

COOL GROOVE

Essayez à présent de jouer les blanches en 3/4.

Une **croche** dure un demi-temps, soit la moitié d'une noire. Une croche s'écrit avec une hampe et un crochet ; les croches successives sont reliées par une barre.

LADY MADONNA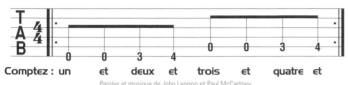

Jouez ce classique des Beatles en comptant avec le mot « et » entre chaque temps.

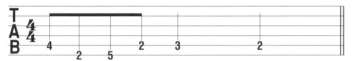

Paroles et musique de John Lennon et Paul McCartney
Copyright © 1968 Sony/ATV Music Publishing LLC Copyright renouvelé
Tous les droits sont contrôlés et administrés par Sony/ATV Music Publishing LLC, 8 Music Square West, Nashville, TN 37203

CRAZY TRAIN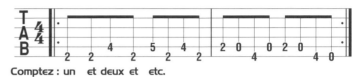

Randy Rhoads était l'interprète de l'entraînant riff en croches dans cette chanson légendaire d'Ozzy Osbourne.

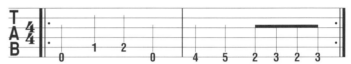

Paroles et musique de Ozzy Osbourne, Randy Rhoads et Bob Daisley
Copyright ©1981 Blizzard Musique Limited, 12 Thayer Street, London, W1M 5LD, England

AQUALUNG

Nous allons maintenant mélanger des croches et des noires en jouant ce célèbre morceau de Jethro Tull.

Paroles et musique de Ian Anderson et Jennie Anderson
Copyright © 1971 The Ian Anderson Group Of Companies Ltd./Admin. de Chrysalis Music
Copyright renouvelé
Tous les droits sont contrôlés et administrés par BMG Rights Management (US) LLC

GREEN-EYED LADY

Expérimentez pour déterminer avec quels doigts vous préférez jouer ce riff classique de Sugarloaf. Rappelez-vous simplement de jouer du bout des doigts et non pas « à plat ».

Paroles et musique de Jerry Corbetta, J.C. Phillips et David Riordan
© 1970 (Renouvelé) CLARIDGE MUSIC COMPANY, Une division de MPL Music Publishing, Inc.

Un **silence** est un symbole utilisé en musique pour indique qu'aucun son n'est émis. Dans une mesure à 4/4, un **soupir** correspond à la durée d'un temps et une **demi-pause** correspond à la durée de deux temps.

Soupir

Un temps

Demi-pause

Deux temps

25 OR 6 TO 4

Ce riff du groupe Chicago utilise un soupir. Étouffez la corde en l'effleurant délicatement avec la paume de votre main droite. Vous pouvez également relâcher la pression de votre main gauche.

Paroles et musique de Robert Lamm
Copyright © 1970 Primary Wave Lamm, Aurelius Music et Spirit Catalog Holdings, S.a.r.l.
Copyright renouvelé
Tous les droits Aurelius Music Contrôlés et administrés dans le monde entier par Spirit Two Music, Inc.
Tous les droits Spirit Catalog Holdings, S.a.r.l. Contrôlés et administrés aux États-Unis, au Canada, au Royaume-Uni et en Eire par Spirit Two Music, Inc.
Tous les droits Spirit Catalog Holdings, S.a.r.l. contrôlés et administrés dans le monde entier, à l'exception des États-Unis, du Canada, du Royaume-Uni et de l'Eire de Spirit Services Holdings S.a.r.l.

BRAIN STEW

On retrouve un motif descendant similaire dans ce tube du groupe Green Day, qui fait intervenir des soupirs et des demi-pauses.

du film de TriStar GODZILLA
Paroles de Billie Joe Armstrong
Musique de Green Day
Copyright © 1998 TSP Music, Inc., WB Music Corp. et Green Daze Music Corp.
Tous les droits au nom de TSP Music, Inc. Administrés par Sony/ATV Music Publishing LLC, 8 Music Square West, Nashville, TN 37203

LA CORDE DE Ré (D)

Voici les notes des cinq premières frettes de la 4ème corde, la corde de Ré (D).

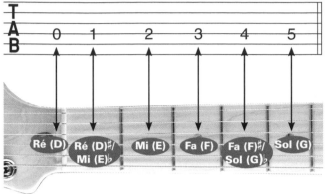

D-MENTED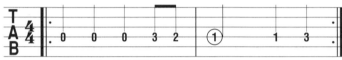

Jouez ce riff aux sinistres sonorités tout en prononçant à voix haute le nom des notes.

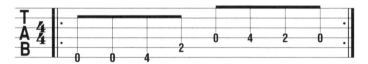

MACHINE GUN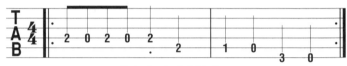

Dans son album *Band of Gypsys,* Jimi Hendrix a construit son morceau autour de ce riff. Le point au-dessus du temps 3 représente un **staccato**. Ce signe indique que vous devez écourter la note.

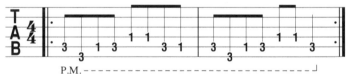

OH, PRETTY WOMAN

Cette chanson de Roy Orbison comporte l'un des riffs l'un plus connus de tous les temps.

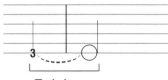

YOU GIVE LOVE A BAD NAME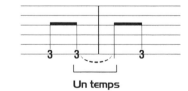

Lors de l'exécution de ce riff de Bon Jovi, étouffez les cordes avec le côté ou la partie charnue de votre main droite. Cette technique est appelée **palm mute** (P.M.).

Une **liaison** est une ligne courbe en pointillé reliant deux notes de même hauteur tonale. Elle indique que la deuxième note ne doit pas être attaquée. La première note est attaquée une fois et tenue pendant la durée des deux notes.

Deux temps   **Trois temps**   **Un temps**

SPACE TRUCKIN'

Vous êtes maintenant prêt à attaquer ce riff entraînant de Deep Purple.

MONEY (THAT'S WHAT I WANT)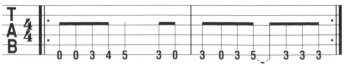

« Money » a été enregistré par de multiples artistes, dont Barrett Strong, les Beatles, Buddy Guy et Waylon Jennings.

Un **demi-soupir** est un silence valant un demi-temps. Il est représenté comme suit : 𝄾

HAVA NAGILA  28))

Démarrez lentement et utilisez votre petit doigt pour jouer le Sol (G)♯ sur la 4ème frette.

Comptez : un   deux (trois)   et quatre   et

SUPER FREAK 29))

Dans ce tube funky de Rick James, on retrouve des soupirs et des demi-soupirs.

JAMIE'S CRYIN' 30))

Ce riff de Van Halen utilise des demi-soupirs et des liaisons.

DAY TRIPPER 31))

Avec ce classique des Beatles, vous vous exercerez à jouer les trois cordes du bas.

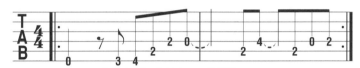

Les riffs suivants commencent par des **anacrouses**. Comptez ces anacrouses comme si elles représentaient la dernière partie d'une mesure entière.

YOU REALLY GOT ME 32))

Le groupe Van Halen a repris ce titre des Kinks sur son premier album.

et   un   et   deux   et   (trois)   (quatre)   et

COME AS YOU ARE 33))

Ce riff de Nirvana commence au niveau du « et » à la mesure 3.

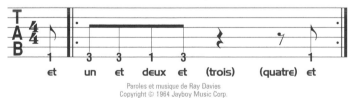

et quatre   et   un

MISSISSIPPI QUEEN 34))

Une ligne ondulée au-dessus d'une note indique un **vibrato**, une technique produite en tendant puis en relâchant rapidement une corde.

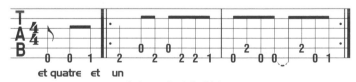

FEEL YOUR LOVE TONIGHT 35))

Voici un autre riff de Van Halen. Dans celui-ci, vous vous exercerez aux effets de palm mute et de vibrato.

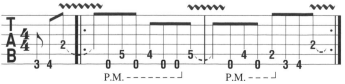

P.M.   P.M.

WIPE OUT 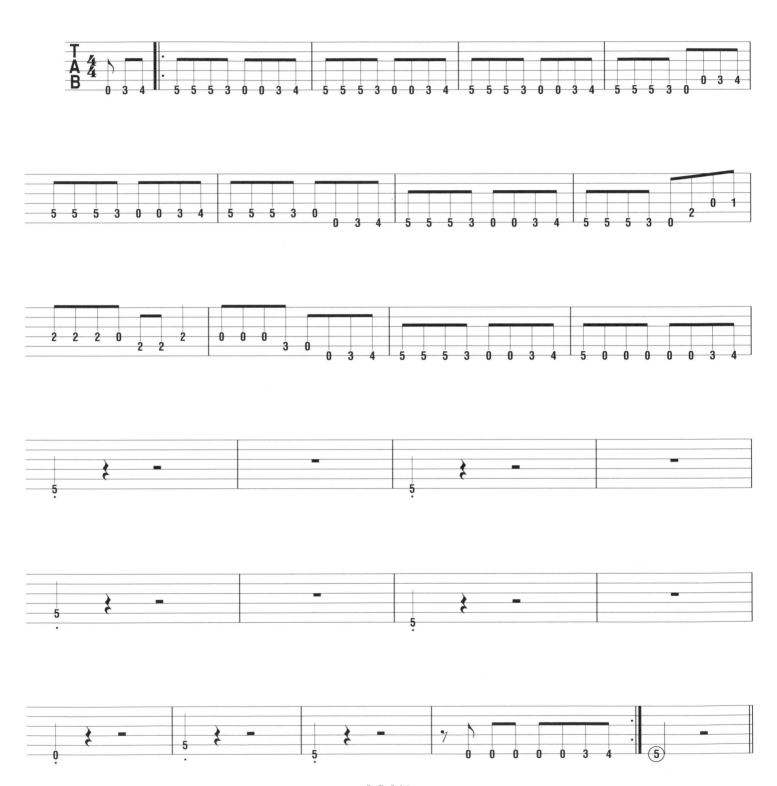 36))

Vous êtes maintenant prêt à jouer intégralement une chanson. « Wipe Out » est l'un des plus grands succès instrumentaux de tous les temps. Initialement enregistré par les Surfaris en 1963, ce morceau a ensuite été interprété par de nombreux groupes comme les Ventures et les Beach Boys.

Pendant le célèbre solo de batterie qui marque la deuxième partie de la chanson, vous remarquerez une **pause**. Celle-ci indique une mesure de silence entière et est représentée comme suit :

ACCORDS DE PUISSANCE

Un **accord de puissance** consiste à jouer deux notes ensemble. Les guitaristes de rock se servent des accords de puissance pour produire un son grave et puissant.

La note la plus grave d'un accord de puissance s'appelle la **note fondamentale**. Elle détermine le nom de l'accord. Celui-ci est également désigné par le suffixe « 5 ».

METALLIC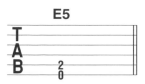

Attaquez les deux notes de l'accord de puissance simultanément avec un seul coup vers le bas.

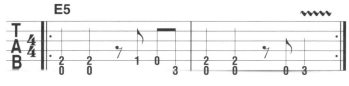

JACK HAMMER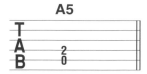

Rappelez-vous d'empêcher les cordes de résonner lorsque vous voyez des silences ou des points de staccato.

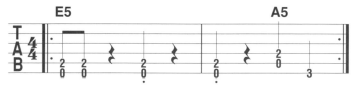

T.N.T. 39

On retrouve les accords de puissance dans de nombreuses chansons du groupe de hard rock australien AC/DC, notamment dans ce riff classique du morceau « T.N.T. ».

Paroles et musique de Angus Young, Malcolm Young et Bon Scott

ACCORDS DE PUISSANCE MOBILES

Les accords de puissance peuvent être joués dans un mouvement ascendant ou descendant sur les cordes basses de la touche de la guitare en utilisant une seule forme de doigté. Jouez avec vos 1er et 3ème doigts comme illustré ci-dessous.

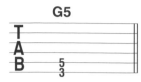

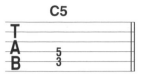

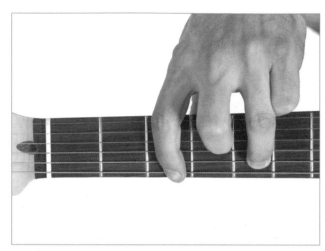

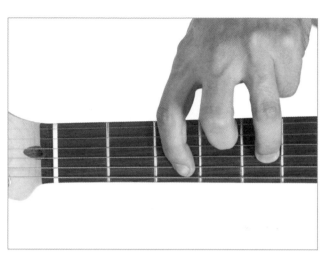

Un accord de puissance est nommé à partir de sa note fondamentale, c'est-à-dire l'emplacement du 1er doigt sur la touche. Voici un diagramme des notes que vous avez apprises jusqu'ici dans les cinq premières frettes des cordes 5 et 6, et des accords de puissance construits autour de ces fondamentales.

FONDAMENTALE SUR 6ÈME CORDE

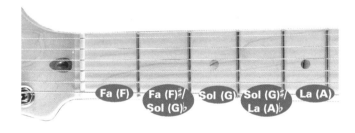

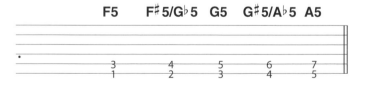

FONDAMENTALE SUR 5ÈME CORDE

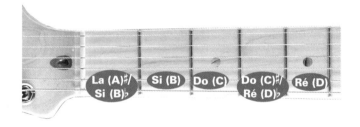

ALL ALONG THE WATCHTOWER 🔊 40

Bob Dylan, Jimi Hendrix et d'autres ont enregistré cette chanson. La note fondamentale des trois accords de puissance se situe sur la 6ème corde.

MEGA-HEAVY 🔊 41

Ce riff évolue sur la corde de Mi (E) grave entre des attaques d'accords de puissance.

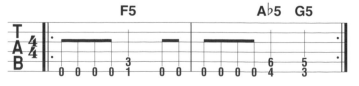

SMELLS LIKE TEEN SPIRIT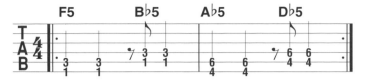

Ce tube de Nirvana utilise des accords de puissance comportant des fondamentales aux 5ème et 6ème cordes.

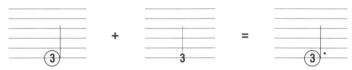

I CAN'T EXPLAIN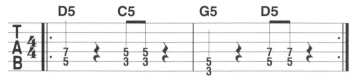

Le guitariste Pete Townshend des Who utilisait des accords de puissance dans de nombreuses chansons, notamment « I Can't Explain ».

Lorsqu'un **point** apparaît après une note, vous devez prolonger celle-ci de la moitié de sa valeur. Une **blanche pointée** dure trois temps.

Une **ronde** dure deux fois plus longtemps qu'une blanche, soit quatre temps. Une ronde s'écrit dans un cercle sans hampe.

BABA O'RILEY

Nous allons à présent combiner des accords de puissance mobiles et à vide dans un autre classique du rock signé des Who.

Comptez : un deux trois quatre un deux trois quatre

OWNER OF A LONELY HEART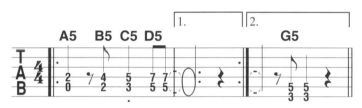

La tablature de ce riff du groupe Yes utilise des **crochets de fin**. La première fois que vous jouez ce morceau dans son intégralité, jouez la 1ère fin et faites une répétition normale. La 2ème fois, omettez la 1ère fin et jouez la 2ème fin.

JAILBREAK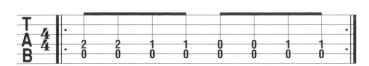

Les accords de puissance sont souvent mélangés à des notes individuelles. Essayez ce riff popularisé par le groupe Thin Lizzy

REFUGEE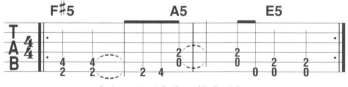

« Refugee », de Tom Petty, fait aussi la part belle aux accords de puissance et aux notes individuelles.

THÈME DE BATMAN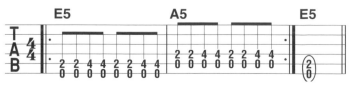

Voici un riff facile et plaisant à jouer, qui présente une variante de l'accord de puissance à vide La5 (A5).

CHICAGO BLUES

Les guitaristes de blues enrichissent souvent les accords de puissance simples d'une manière similaire à cette figure rythmique.

WILD THING 🔊 50

« Wild Thing » est aujourd'hui l'un des plus grands classiques du rock. À l'origine un tube des Troggs, numéro 1 des hit-parades en 1966, il a depuis été enregistré par Jimi Hendrix, Sam Kinison et bien d'autres. La chanson peut être entièrement interprétée avec des accords de puissance mobiles.

Intro

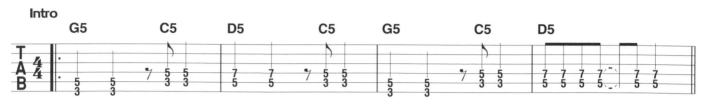

Refrain

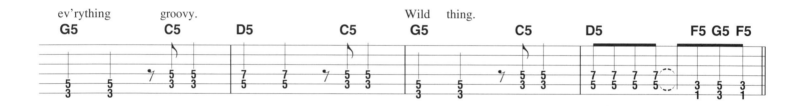

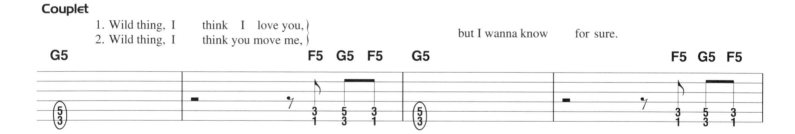

Couplet

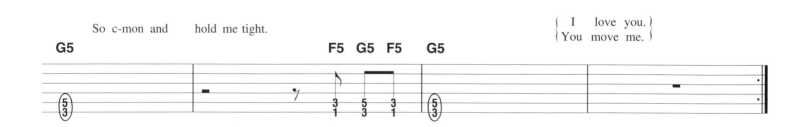

Outro-Refrain

Paroles et musique de Chip Taylor
© 1965 (Renouvelé en 1993) EMI BLACKWOOD MUSIC INC.

CONTRÔLE DES CONNAISSANCES ACQUISES

Vous êtes à présent à mi-chemin de ce livre et êtes bien parti pour devenir un guitariste accompli, pour votre plaisir personnel ou en tant que professionnel. Prenons quelques minutes pour réviser certaines des connaissances acquises jusqu'ici.

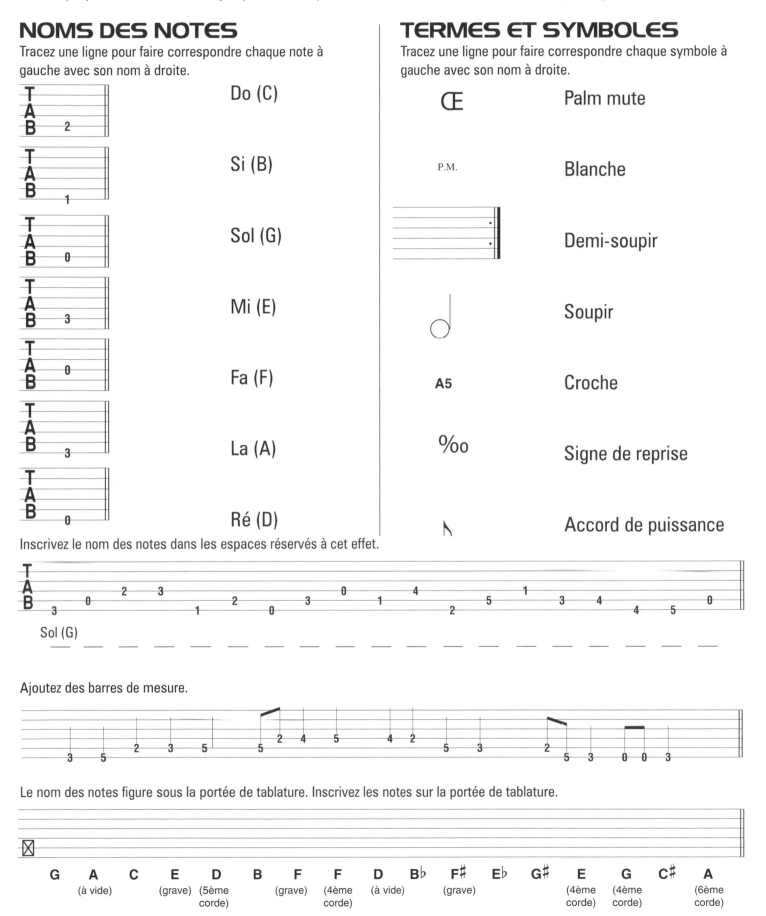

NOMS DES NOTES

Tracez une ligne pour faire correspondre chaque note à gauche avec son nom à droite.

Do (C)

Si (B)

Sol (G)

Mi (E)

Fa (F)

La (A)

Ré (D)

Inscrivez le nom des notes dans les espaces réservés à cet effet.

Sol (G)

Ajoutez des barres de mesure.

Le nom des notes figure sous la portée de tablature. Inscrivez les notes sur la portée de tablature.

G	A	C	E	D	B	F	F	D	B♭	F♯	E♭	G♯	E	G	C♯	A
	(à vide)	(grave)	(5ème corde)		(grave)	(4ème corde)		(à vide)		(grave)			(4ème corde)	(4ème corde)		(6ème corde)

TERMES ET SYMBOLES

Tracez une ligne pour faire correspondre chaque symbole à gauche avec son nom à droite.

Œ — Palm mute

P.M. — Blanche

Demi-soupir

Soupir

A5 — Croche

‰ — Signe de reprise

Accord de puissance

LA CORDE DE SOL (G)

Voici les notes des cinq premières frettes de la 3ème corde, la corde de Sol (G).

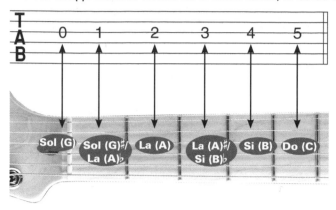

NORWEGIAN WOOD (THIS BIRD HAS FLOWN)

Composée en 3/4, cette chanson des Beatles teintée de sonorités indiennes est le premier enregistrement de rock faisant intervenir un sitar.

DON'T FEAR THE REAPER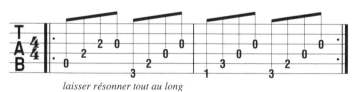

Dans certains morceaux, comme ce classique de Blue Öyster Cult rythmé au d'une cloche de vache, il est courant de voir l'instruction « **laisser résonner** ». Au lieu de relâcher les doigts après avoir joué chaque note, vous les maintenez appuyés afin de prolonger les notes.

laisser résonner tout au long

LA BAMBA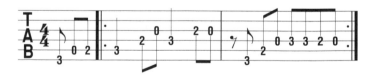

Cette chanson a été enregistrée par Ritchie Valens, Los Lobos et bien d'autres. Elle utilise les notes des quatre cordes que vous avez apprises jusqu'ici. Appuyez sur les notes au niveau de la 2ème frette avec le 2ème doigt et au niveau de la 3ème frette, avec le 3ème doigt.

SMOKE ON THE WATER

« Smoke on the Water » de Deep Purple contient l'un des plus grands riffs de rock de tous les temps. Grattez les accords à deux notes, ou **dyades**, en effectuant des coups vers le bas. Même si vous n'avez pas encore appris les notes au-delà de la 5ème frette, appuyez simplement sur les notes de la 6ème frette avec votre 3ème doigt.

PIPELINE 🔊 55))

« Pipeline » est un grand classique de guitare instrumentale. À l'origine un tube de surf rock des Chantays en 1963, ce morceau a depuis été enregistré par les Ventures, Dick Dale, Stevie Ray Vaughan et d'autres artistes. Il comporte des notes individuelles jouées sur les quatre cordes inférieures, ainsi que quelques accords de puissance. À la section A, frettez la note Si (B) (5ème corde, 2ème frette) pendant toute la durée des quatre mesures.

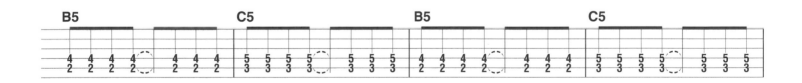

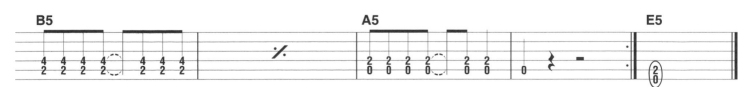

LA CORDE DE SI (B)

Voici les notes des cinq premières frettes de la 2ème corde, la corde de Si (B).

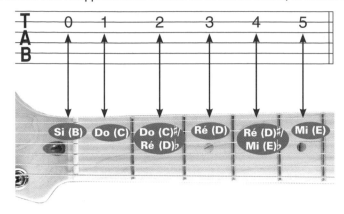

DUELIN' BANJOS

Ce thème bluegrass figure dans la bande originale du film *Deliverance (Délivrance).*

SUSIE-Q

Le groupe Creedence Clearwater Revival a repris ce titre de Dale Hawkins dans son premier album.

léger P.M. tout au long

FÜR ELISE

Immédiatement reconnaissable, ce morceau en 3/4 composé en 1810 par Beethoven est un vrai classique.

WALK DON'T RUN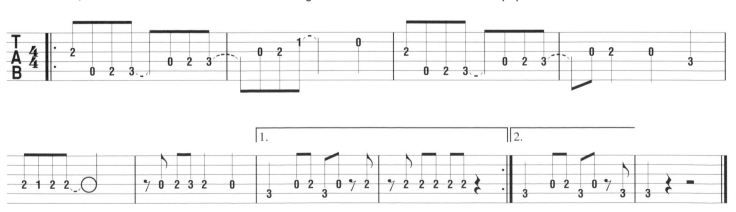

Les Ventures, Chet Atkins et d'autres artistes ont enregistré cette chanson instrumentale populaire.

LA CORDE DE MI (E) AIGU

Voici les notes des cinq premières frettes de la 1ère corde, la corde de Mi (E).

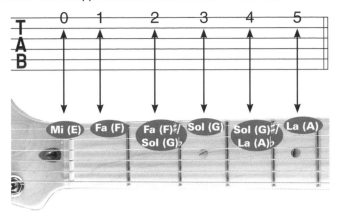

IN MY LIFE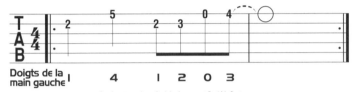

Dans le riff d'ouverture de cette chanson des Beatles, les notes sont jouées sur les deux cordes du haut. Les doigtés de la main gauche sont indiqués sous la portée de tablature.

Doigts de la main gauche

Paroles et musique de John Lennon et Paul McCartney
Copyright © 1965 Sony/ATV Music Publishing LLC
Copyright renouvelé
Tous les droits sont administrés par Sony/ATV Music Publishing LLC, 8 Music Square West, Nashville, TN 37203

TICKET TO RIDE

Voici une autre intro classique des Beatles. Maintenez le 1er doigt appuyé sur la première note et laissez les cordes résonner tout au long.

laisser résonner tout au long

Paroles et musique de John Lennon et Paul McCartney
Copyright © 1965 Sony/ATV Music Publishing LLC
Copyright renouvelé
Tous les droits sont administrés par Sony/ATV Music Publishing LLC, 8 Music Square West, Nashville, TN 37203

REBEL, REBEL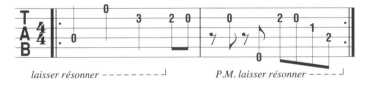

Pour jouer ce riff de David Bowie, suivez les indications « laisser résonner » et veillez à étouffer avec la paume de la main la note mi (E) grave de la 2ème mesure.

laisser résonner - - - - - - - -   *P.M. laisser résonner - - - -*

Paroles et musique de David Bowie
© 1974 (Renouvelé en 2002) EMI MUSIC PUBLISHING LTD., JONES MUSIC AMERICA et CHRYSALIS MUSIC
Tous les droits sur EMI MUSIC PUBLISHING LTD. Contrôlés et administrés par COLGEMS-EMI MUSIC INC.
Tous les droits sur JONES MUSIC AMERICA administrés par ARZO PUBLISHING
Tous les droits sur CHRYSALIS MUSIC administrés par BMG RIGHTS MANAGEMENT (États-Unis) LLC

SUNDAY BLOODY SUNDAY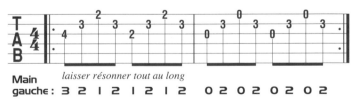

Jouez maintenant ce riff de U2, en étant particulièrement attentif aux doigtés indiqués sous la tablature. Maintenez les notes appuyées de façon à les faire résonner et placez le 1er doigt sur les trois cordes du haut, au niveau de la 2ème frette, pendant la seconde moitié de la 1ère mesure.

laisser résonner tout au long
Main gauche : 3 2 1 2 1 2 1 2   0 2 0 2 0 2 0 2

Paroles et musique de U2
Copyright © 1983 UNIVERSAL MUSIC PUBLISHING INTERNATIONAL B.V.
Tous les droits aux États-Unis et au Canada sont contrôlés et administrés par
UNIVERSAL - POLYGRAM INTERNATIONAL PUBLISHING, INC.

FOXEY LADY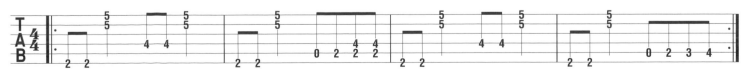

Voici l'un des riffs les plus connus de Jimi Hendrix. Placez le petit doigt sur les deux cordes du haut pour jouer les notes au niveau de la 5ème frette.

Paroles et musique de Jimi Hendrix
Copyright © 1967, 1968, 1980 de EXPERIENCE HENDRIX, L.L.C.
Copyright renouvelé 1995, 1996
Tous les droits sont contrôlés et administrés par EXPERIENCE HENDRIX, L.L.C.

THÈME DE JAMES BOND

DÉMO   MOINS GUIT. 1   MOINS GUIT. 2

Puissant et mystérieux, le thème musical principal des films de James Bond est immédiatement reconnaissable. Comportant des notes sur l'ensemble des six cordes et cordes, il est arrangé ici en duo pour guitares. Choisissez votre partie et jouez !

Une fois que vous aurez atteint la fin de la section Mi (E), vous verrez les instructions « D.S. al Coda (pas de reprise) ». Retournez au signe (𝄋) au niveau de la lettre B et jouez jusqu'à l'instruction « À la coda ». Puis passez à la dernière ligne du morceau, à l'emplacement de l'indication « Coda », et jouez les cinq dernières mesures.

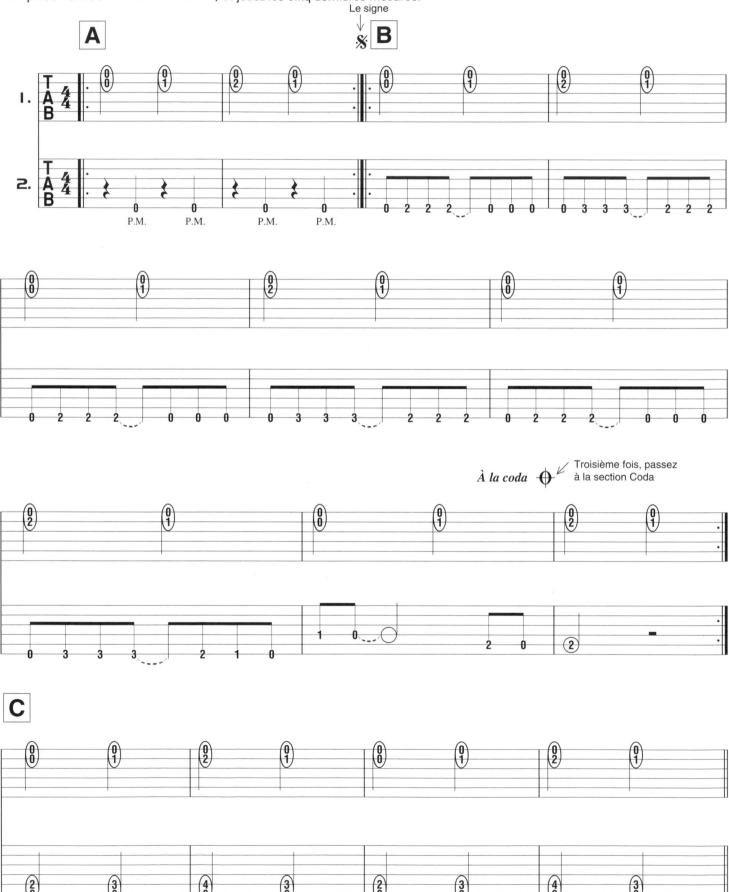

De Monty Norman
© 1962 UNITED ARTISTS MUSIC LTD.
© Renouvelé en 1990 EMI UNART CATALOG, INC.
Tous les droits sont contrôlés par EMI UNART CATALOG INC. (édition) et ALFRED ÉDITION CO., INC. (impression)

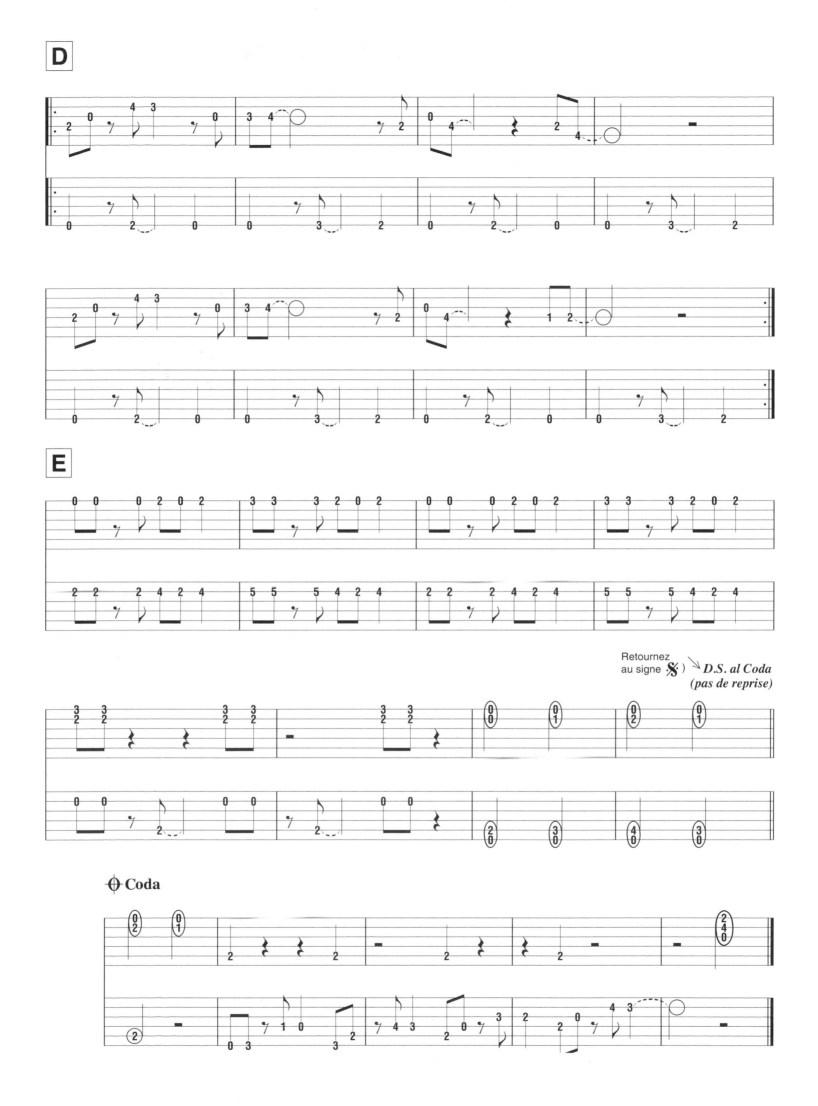

ACCORDS À VIDE

Les accords comprenant des cordes à vide sont appelés accords ouverts ou **à vide**. Utilisés en accompagnement ou **en guitare rythmique,** ils font généralement intervenir quatre, cinq ou six cordes.

Em

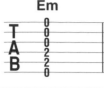

D

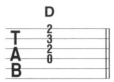

GET UP STAND UP 68

L'exécution d'accords selon un motif rythmique est désignée par le terme **battement** (ou strumming). Jouez l'accord de Mi (E) mineur en battement vers le bas pour interpréter une version simplifiée de cette chanson de Bob Marley.

1. Get up,	stand up.	Stand up	for	your right.
2. Get up,	stand up.	Don't	give up	the fight.

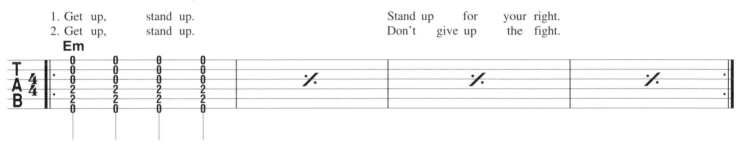

LAND OF A THOUSAND DANCES 69

Essayez maintenant l'accord de Ré (D) pour jouer ce classique de Wilson Pickett. Arrondissez les doigts et jouez du bout des doigts pour éviter de toucher les autres cordes.

Na,   na, na, na, na,   na, na, na, na,   na, na, na,   na, na, na.

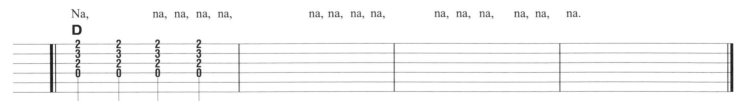

HEART OF GOLD 70

Exercez-vous à passer d'un accord à l'autre avec l'intro d l'un des plus grands succès de Neil Young.

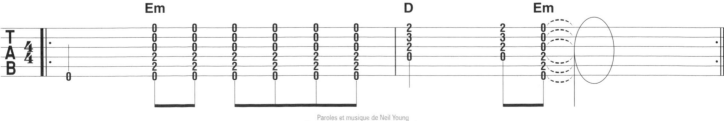

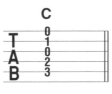

C

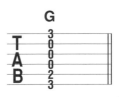

G

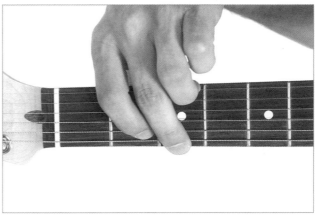

YELLOW SUBMARINE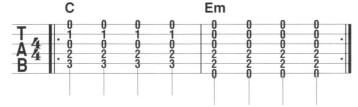

Entraînez-vous à changer d'accord en maintenant un battement régulier avec ce grand classique des Beatles.

We all live in a yellow submarine   yellow submarine   yellow submarine

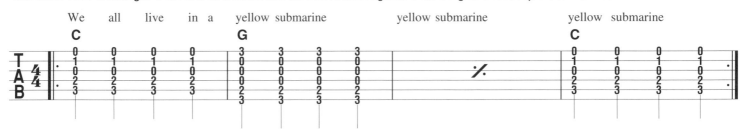

SPACE ODDITY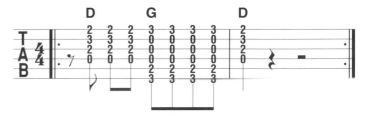

Dans ce tube de David Bowie, le couplet démarre sur des accords de Do (C) et Mi (E).

Ground control to Major Tom.

SHOULD I STAY OR SHOULD I GO

Ce classique des Clash débute par des accords de Ré (D) et Sol (G).

WONDERFUL TONIGHT

Pour interpréter « Wonderful Tonight » d'Eric Clapton, essayons un nouveau motif de battement alternant des coups vers le bas (⊓) et vers le haut (V).

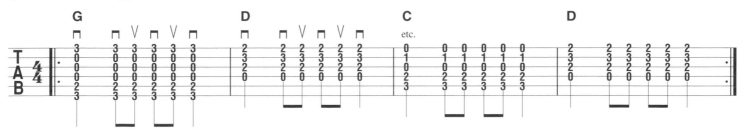

WILD NIGHT 🔊75))

Grand classique du rock, « Wild Night » de Van Morrison a été repris par de nombreux artistes. Dans ce morceau, vous utiliserez les quatre accords à vide appris jusqu'ici. Jouez les motifs de battement indiqués sur la partition ou n'hésitez pas à essayer vos propres variantes.

Intro

1. As you brush your

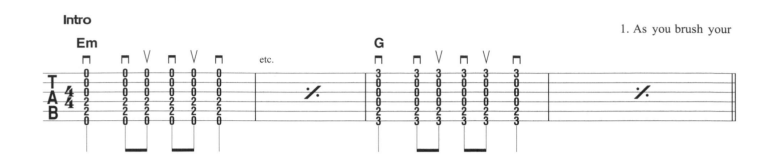

Couplet

shoes,   and stand before   the mirror   and you comb
girls walk   by,   dressed up for   each other   and the   boys

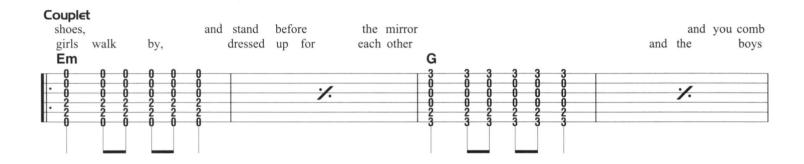

your hair,   and grab your coat and hat.   And you walk
  do the boogie woogie on the corner of the street.   And the

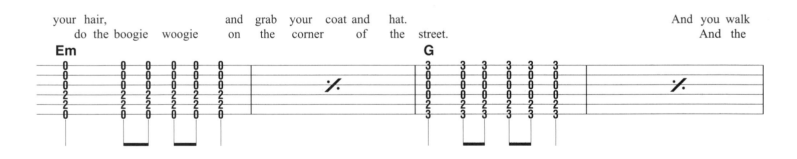

wet streets try - in' to re - mem - ber   all the wild
people passin' by   just stare in wild wonder   and the

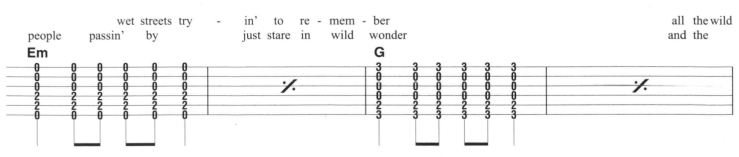

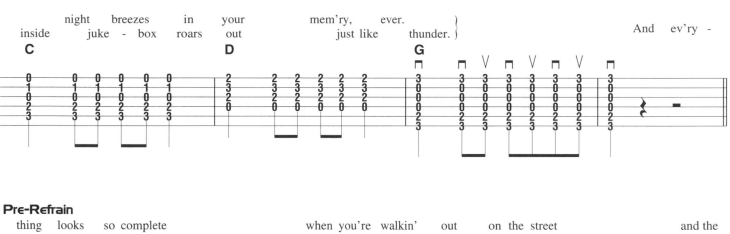

Pre-Refrain

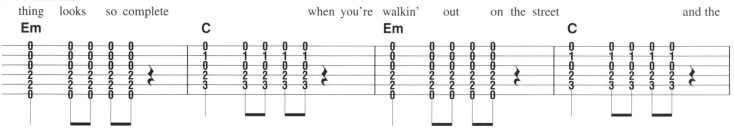

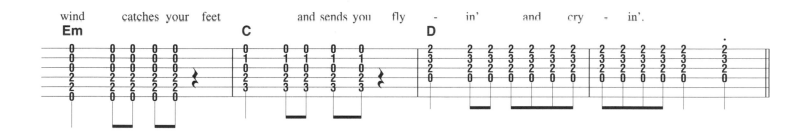

Refrain

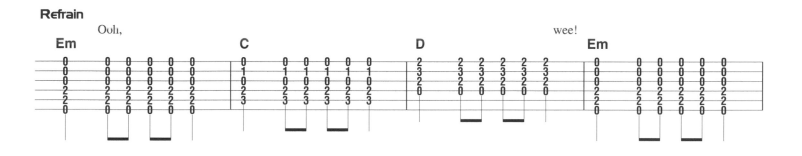

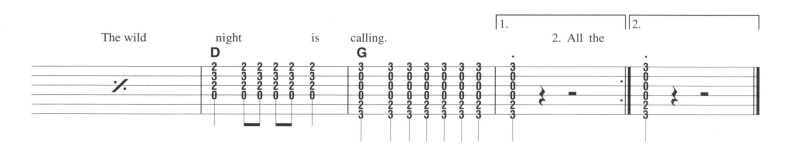

Am

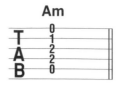

Dm

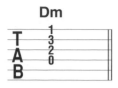

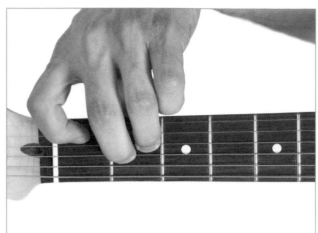

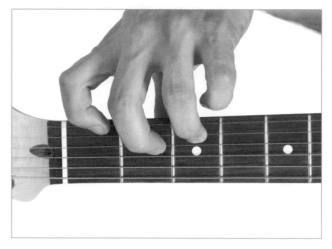

EVIL WAYS 76

Exercez-vous à jouer l'accord de La (A) mineur que vous venez d'apprendre avec l'un des plus grands tubes de Santana. Écoutez le CD pour vous aider à suivre le rythme. Utilisez la paume de votre main droite pour étouffer les cordes pendant les silences.

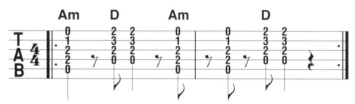

LOUIE, LOUIE 77

Grand standard du rock 'n' roll, « Louie, Louie » a été enregistré par des centaines d'artistes. Son riff à trois accords est immédiatement reconnaissable

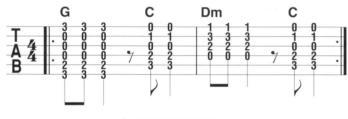

AIN'T NO SUNSHINE 78

Ce titre à succès de Bill Withers utilise les trois accords mineurs que vous avez appris jusqu'ici. Il comporte également deux notes individuelles simples.

1. Ain't no sunshine when she's gone.
   gone?
   It's not warm when she's a-
   Wonder if she's gone to

way.
stay?
Ain't no sunshine when she's gone, and she's always gone too
Ain't no sunshine when she's gone, and this house just ain't no

long anytime she goes away.
home anytime she goes away.
2. Wonder this time where she's

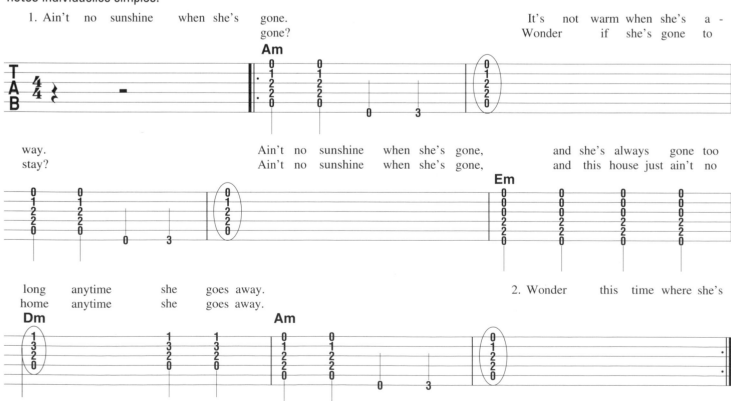

KNOCKIN' ON HEAVEN'S DOOR 79))

Cette ballade indémodable de Bob Dylan est composée exclusivement d'accords à vide. Suivez les rythmes de battement qui figurent dans la partition ou lisez simplement les symboles d'accords et improvisez vos propres motifs de battement.

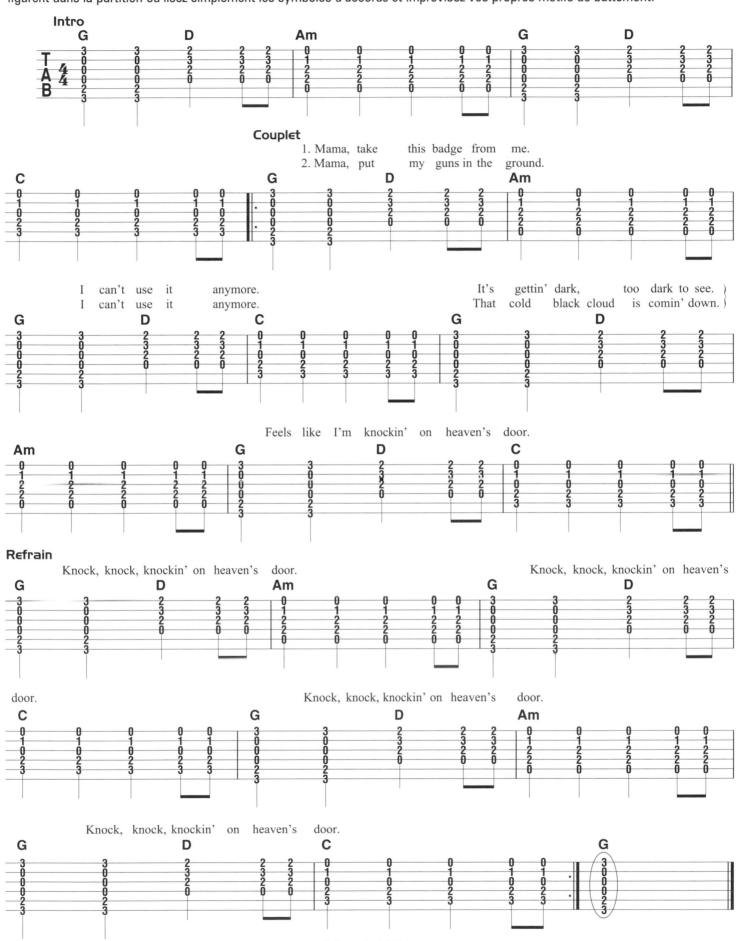

Paroles et musique de Bob Dylan
Copyright © 1973, 1974 Ram's Horn Music

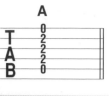

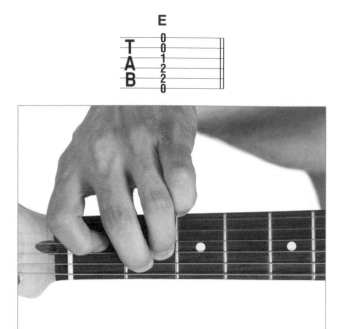

ABOUT A GIRL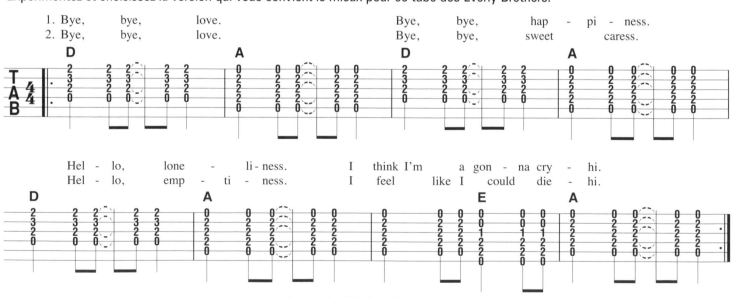

Pour jouer les morceaux faisant intervenir des changements d'accords rapides, comme cette chanson de Nirvana, vous pouvez relâcher les doigts d'un accord plus tôt pour parvenir à temps à l'accord suivant. Il est normal de percuter quelques cordes à vide pendant la transition.

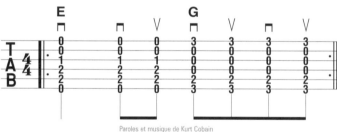

Paroles et musique de Kurt Cobain
© 1989 THE END OF MUSIC et PRIMARY WAVE TUNES
Tous les droits sont contrôlés et administrés par EMI VIRGIN SONGS, INC.

R.O.C.K. IN THE U.S.A.

Lorsque vous exécutez un battement alterné vers le haut et le bas, ne vous préoccupez pas de frapper chacune des cordes sur le coup vers le haut. Vous pouvez simplement jouer trois ou quatre notes des accords, ou ce qui vous vient naturellement.

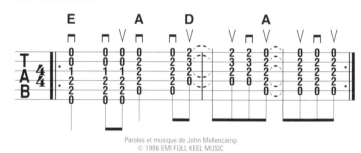

Paroles et musique de John Mellencamp
© 1986 EMI FULL KEEL MUSIC

BYE BYE LOVE

Une autre façon de jouer un accord de La (A) consiste à poser le premier doigt sur les quatre cordes du haut au niveau de la 2ème frette. Les guitaristes de rock utilisent souvent ce doigté et étouffent ou omettent simplement la corde de Mi (E) aigu. Expérimentez et choisissez la version qui vous convient le mieux pour ce tube des Everly Brothers.

1. Bye,   bye,   love.   Bye,   bye,   hap - pi - ness.
2. Bye,   bye,   love.   Bye,   bye,   sweet   caress.

Hel - lo,   lone - li - ness.   I think I'm a gon - na cry - hi.
Hel - lo,   emp - ti - ness.   I feel like I could die - hi.

Paroles et musique de Felice Bryant et Boudleaux Bryant
Copyright © 1957 de HOUSE OF BRYANT PUBLICATIONS, Gatlinburg, TN
Copyright renouvelé
Tous les droits étrangers contrôlés par SONY/ATV MUSIC PUBLISHING LLC
Tous les droits SONY/ATV MUSIC PUBLISHING LLC administrés par SONY/ATV MUSIC PUBLISHING LLC, 8 Music Square West, Nashville, TN 37203

PATIENCE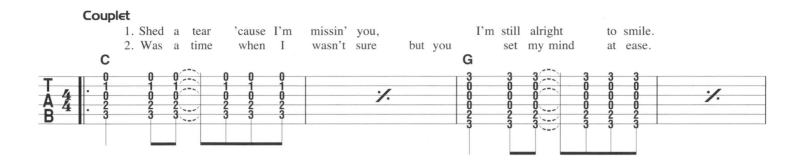

Ce titre à succès des Guns N' Roses comprend cinq accords à vide.

Couplet

1. Shed a tear 'cause I'm missin' you, I'm still alright to smile.
2. Was a time when I wasn't sure but you set my mind at ease.

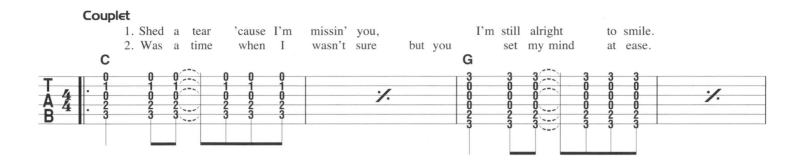

Girl, I think about you ev - 'ry day now.
There is no doubt you're in my heart now.

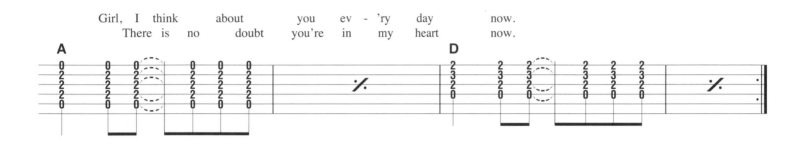

Refrain

Said, woman, take it slow, it'll work itself out fine.
Said, sugar, make it slow, and we come togeth - er fine.

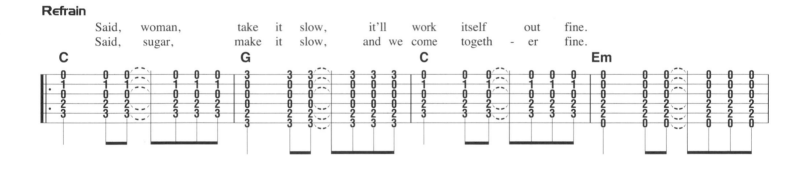

All we need is just a lit - tle pa - tience.
All we need is just a lit - tle pa - tience.

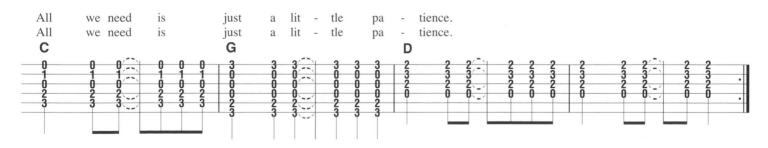

GLISSÉS, HAMMER-ONS ET PULL-OFFS

Parfois, l'art n'est pas tant dans le morceau exécuté que dans la manière de l'exécuter. En musique, c'est ce que l'on appelle l'**articulation**. Les glissés, les hammer-ons (liaisons ascendantes) et les pull-offs (liaisons descendantes) appartiennent à une catégorie particulière d'articulation, le **legato**. Ces techniques permettent de lier deux ou plusieurs notes successives en vue de produire un son fluide.

Pour exécuter un **glissé**, pincez la première note selon la technique habituelle, puis continuez d'appuyer en déplaçant le doigt de la main gauche vers le haut ou le bas de la touche pour produire la deuxième note. (La deuxième note n'est pas pincée.) Dans une tablature, un glissé est indiqué par un petit trait oblique et une **liaison** courbe.

MY SHARONA 84))

Utilisez votre premier doigt pour exécuter le glissé de ce riff des Knack.

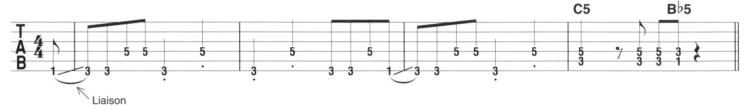

Liaison

BOOM BOOM 85))

Essayez maintenant ce riff de blues de John Lee Hooker. Le glissé s'effectue avec le 3ème doigt. Cela permet de jouer les notes de la 3ème frette avec le 2ème doigt et les notes de la 2ème frette avec le 1er doigt.

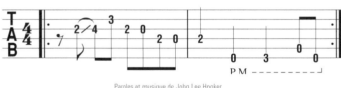

P M

SWEET LEAF 86))

Les accords peuvent aussi être liés par des glissés. Voici un riff de heavy metal classique du groupe Black Sabbath.

Pour exécuter un **hammer-on**, pincez la première note et appuyez ou martelez la même corde dans un mouvement ascendant pour jouer une note plus aiguë. L'attaque initiale doit porter la tonalité sur les deux notes.

LIFE IN THE FAST LANE 87))

Voici une célèbre intro de guitare des Eagles. Jouez les notes de la 2ème frette avec votre 1er doigt.

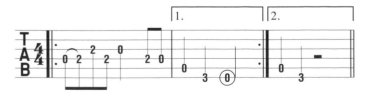

PAPERBACK WRITER 88))

Pour jouer ce riff des Beatles, posez le 1er doigt sur les trois cordes du bas au niveau de la 3ème frette. Continuez d'appuyer tout en jouant les notes de la 5ème frette avec les 3ème et 4ème doigts.

laisser résonner tout au long

Un **pull-off** (liaison descendante) est l'inverse d'un hammer-on (liaison ascendante). Commencez par positionner les deux doigts. Pincez la note la plus aiguë, puis enlevez le doigt en tirant légèrement la corde pour faire sonner la note plus grave, déjà frettée par le doigt du bas.

BRING IT ON HOME

Ce riff de Led Zeppelin comporte des pull-offs sur la 3ème corde.

CULT OF PERSONALITY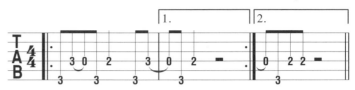

Il est également possible de jouer des notes en pull-off sur des cordes à vide, comme le montre ce riff de Living Colour.

Bien entendu, les glissés, les hammer-ons et les pull-ons peuvent être combinés à l'envi. Voici quelques exemples :

THE MAN WHO SOLD THE WORLD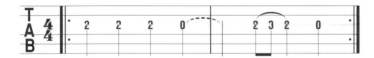

Cette chanson de David Bowie fait l'objet d'une célèbre reprise par Nirvana sur la chaîne MTV lors de l'émission. Pour exécuter l'enchaînement hammer-pull à la 2ème mesure, seule la première des trois notes est jouée.

COME OUT AND PLAY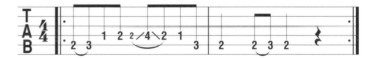

La chanson « Come Out and Play » d'Offspring comporte des hammer-ons et des glissés. Exécutée très rapidement, la première partie du glissé est appelée **glissé de note d'ornement**.

BLUEGRASS RUN

Les articulations legato sont fréquentes à la guitare, dans tous les styles de musique. Voici un plan bluegrass plaisant à jouer, qui utilise les trois types de liaisons présentés jusqu'ici.

HEY JOE 🔊 94

Quelle meilleure manière de conclure ce livre qu'avec l'un des plus grands succès de Jimi Hendrix ? « Hey Joe » contient entre autres plusieurs accords, notes individuelles sur les six cordes, glissés et hammer-ons !

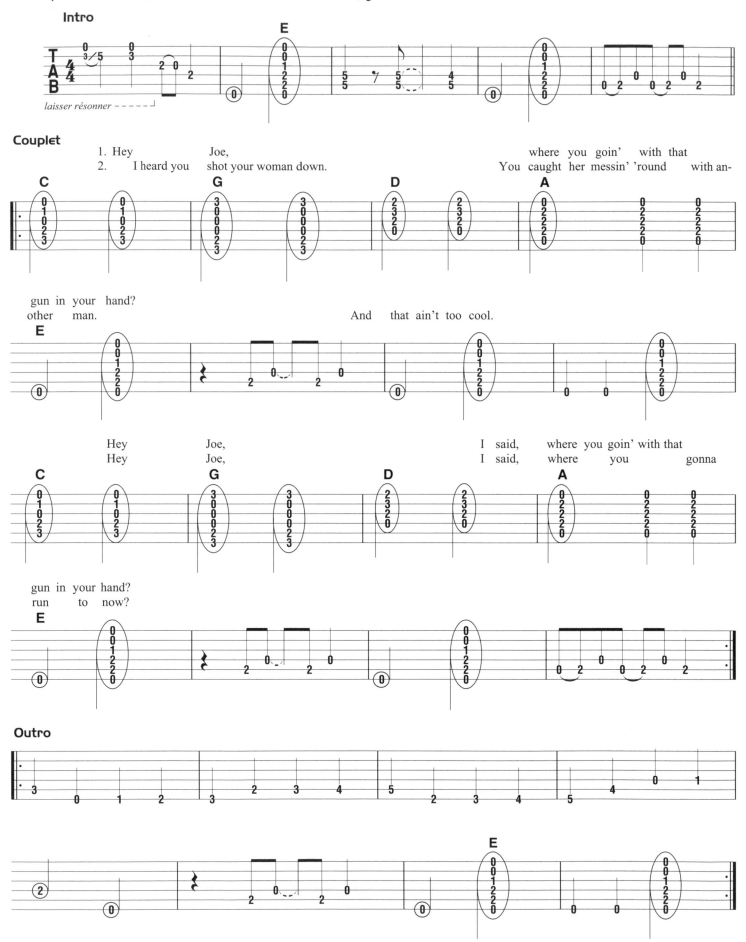

Paroles et musique de Billy Roberts
© 1962 (Renouvelé) de THIRD PALM MUSIC
Tous les droits sont administrés par BMG CHRYSALIS